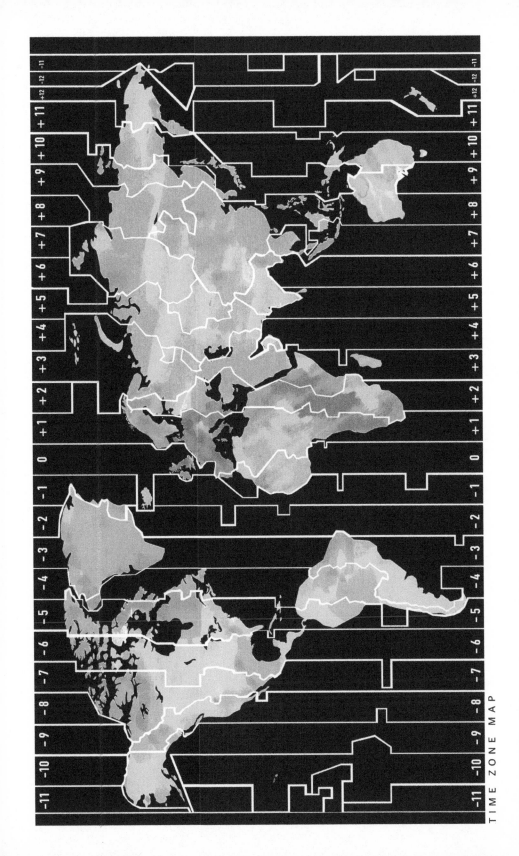

TIME ZONE MAP

DESTINATION(S):

GOOD TO KNOW ABOUT REGION AND CULTURE:

PACKING LIST

TO DO BEFORE LEAVING

BUCKET LIST

- [ ]
- [ ]
- [ ]
- [ ]
- [ ]
- [ ]
- [ ]
- [ ]
- [ ]
- [ ]
- [ ]
- [ ]
- [ ]
- [ ]
- [ ]
- [ ]
- [ ]
- [ ]
- [ ]
- [ ]
- [ ]
- [ ]
- [ ]
- [ ]
- [ ]
- [ ]
- [ ]
- [ ]
- [ ]
- [ ]
- [ ]

BUDGET

TOTAL: TOTAL:

LOCATION: DATE:

LOCATION: DATE:

DESTINATION(S):

GOOD TO KNOW ABOUT REGION AND CULTURE:

PACKING LIST

TO DO BEFORE LEAVING

BUCKET LIST

BUDGET

————	.	.	.	.	.
————	.	.	.	.	.
————	.	.	.	.	.
————	.	.	.	.	.
————	.	.	.	.	.

TOTAL: **TOTAL:**

Made in the USA
Coppell, TX
13 November 2022

86294950R00069